Für

mit einem herzlichen Dankeschön

von

Du siehst etwas, was ich nicht sehe.
Du hörst etwas, was ich nicht höre.
Du sagst etwas, was ich nicht denke.
Du tust mir gut.
Danke!

Ruth Rau

Ich sag einfach
Danke

BUTZON & BERCKER

Hier ist ein Blumenstrauß für dich:

- Danke fürs Zuhören
- Danke fürs Verstehen
- Danke fürs Begleiten
- Danke fürs Aufmuntern

Danke, dass du mich magst!

Ich sag einfach: Danke!

Es tut so gut, zu spüren:
Da denkt jemand an mich.

Jemand hat gemerkt,
was ich jetzt brauche.

Jemand ist bereit,
mir zu helfen.

Jemand hält zu mir.

Ich sag einfach: Danke!

Du bist ein Schatz!

Es ist kostbar,
Menschen zu haben,
die einen begleiten.

Menschen, die einen verstehen
und im rechten Moment
genau das Richtige tun.
Das ist so wertvoll.

Wer solche Menschen kennt,
kann sich glücklich schätzen:

Du bist ein Schatz!

Danke für das Gespräch

Wenn die Gedanken im Kreis gehen,
wenn man ratlos ist,
wenn man nicht weiß,
wie man sich entscheiden soll,
wenn man Kummer hat,

dann tut es gut,
mit jemandem reden zu können.
Jemand hat Zeit für mich
und hört mir zu.
Die Gedanken klären sich,
Lösungen kommen in Sicht.
Ich bin nicht allein auf der Welt
mit meinen Sorgen.

Danke!

Du hast mich besucht

Jemand hat gemerkt,
dass mein Platz leer ist.

Jemand hat an mich gedacht,
auch wenn ich nicht sichtbar war.

Jemand hat mich vermisst.
Das tut gut.

Danke, dass du mich besucht hast!

Heimliche Heinzelmännchen

In Köln, vordem,
gab es Heinzelmännchen,
die manchmal heimlich
bei Nacht
die Arbeit erledigt haben.
Leider hat die Neugier
sie vertrieben.

Ich will ja nicht neugierig sein,
aber es scheint auch heute noch
Heinzelmännchen zu geben.

Damit ein Kind groß wird, braucht es ein ganzes Dorf ...

Das ist wohl wahr.
Kinder erziehen
kann keiner ganz allein.
Da braucht man Menschen,
die mal einspringen,
die einen entlasten,
die mitdenken – und mitlieben.

Da braucht man Menschen,
die ihre Pläne über den Haufen werfen,
damit ein krankes Kind nicht allein ist.
Oder damit eine erschöpfte Mutter
mal Pause machen kann.

Danke allen, die mithelfen,
damit kleine Kinder
groß werden können!

Umgezogen

Gute Freunde können mehr
als Möbelpacker:

zum Beispiel Mut machen,
mitdenken,
im richtigen Moment eine Pause machen,
Pizza herbeizaubern,
Humor bewahren,
bevor man die Nerven verliert,
brummige Antworten
nicht krummnehmen …

Gute Freunde
sind einfach unersetzlich.
Danke!

Und bleib mir verbunden,
auch wenn ich jetzt
weiter weg wohne …

Du hast mir gutgetan

Manchmal scheint die Welt
im grauen Alltag zu versinken.
Aber auf einmal tut jemand etwas,
das er nicht hätte tun müssen,
und plötzlich
wird alles leichter.
Man kann aufatmen
und sich wieder freuen.
Ich könnte verlegen sagen:
„Ach, das wäre doch nicht nötig gewesen."

Aber es war nötig!
Es hat so gutgetan.

Darum sag ich: Danke!

Reisegefährten

Das ist schön,
wenn man im Urlaub
nicht allein ist.
Wenn jemand da ist,
mit dem man einfach das Leben genießen kann.
Und der versteht,
wenn man mal für sich sein möchte.

Lachen und staunen,
erleben und ausruhen,
Neues entdecken –
alles geht besser gemeinsam.

Danke fürs Begleiten!

Danke für die Zusammenarbeit

Mit netten Kollegen
macht die Arbeit einfach mehr Spaß.

Schön, wenn jemand mithilft,
anstatt zu kritisieren.

Gut, wenn man miteinander
Ideen entwickeln kann
und Kaffee trinken
und lachen,
dann geht vieles leichter.

Also nochmals: Danke!

Du bist mir wichtig ...

Wirklich, du bist einmalig.
Du ergänzt mich auf eine Weise,
wie es kein anderer tut.

Ich entdecke immer neue Seiten
an dir. Manche fordern mich heraus,
und auch das finde ich gut.
Es bringt mich weiter.

Ich möchte dich
in meinem Leben nicht missen.
Bleib mir verbunden.

Es ist ein Glück,
dass wir uns kennen.

Engel im Alltag

Manche Engel
haben keine Flügel,
sie sind einfach da,
wenn man sie braucht,
und sehen aus wie du und ich
– eher wie du.

Danke!

Die Welt wird heller, wenn man dankbar ist

Manche Tage kommen so trüb daher, dass man sich am liebsten vor ihnen verstecken möchte. Aber dann hat der Busfahrer ein Einsehen und fährt nicht davon, sondern wartet, bis ich eingestiegen bin. Danke!
Und schon fällt es mir leicht, der Mutter mit den zwei Kindern meinen Platz anzubieten. Ihr freundlicher Dank macht mir Mut.
Ich erfinde das Danke-Spiel. Bedanke mich besonders nett bei jedem, der mir was auf den Schreibtisch legt. Bald merken es die Kolleginnen.
„Möchtest du auch einen Kaffee?" – „Danke, gern." Das Spiel zieht Kreise. „Wenn du zum Kopierer gehst, könntest du was für mich mitkopieren?" – „Mach ich doch gern für dich." – „Danke." Wir lachen.
Der Tag macht Spaß. Morgen wird der Büroalltag normal weitergehen. Schon in Ordnung. Aber wir können das Danke-Spiel jederzeit wieder in Gang setzen.

Hast du auch Danke gesagt?

„Hast du auch Danke gesagt?", frag ich mein Kind,
wenn es beim Bäcker einen Keks oder beim Metzger
die Scheibe Wurst bekommt.

Mein Kind, ganz fixiert auf den Keks oder die Wurst,
hat es natürlich vergessen.

Und ich? „Hast du auch Danke gesagt?",
sollte ich mich am Abend fragen.
Da fällt mir bestimmt jemand ein,
der mir heute geholfen hat.
Oder bei dem ich mich schon längst
mal bedanken wollte.

Vielleicht fällt mir auch ein,
wie viel Gutes der Tag gebracht hat.

Ich sollte mir eine Karte neben das Bett stellen:
„Hast du auch Danke gesagt?"

Grundsätzlich dankbar

Wenn ich morgens den Wasserhahn öffne, kommt warmes Wasser heraus, so viel ich will. Ich schalte die Kaffeemaschine ein und in wenigen Minuten habe ich duftenden heißen Kaffee. Ich brauche nur den Kühlschrank zu öffnen und kann Butter, Milch, Käse herausnehmen. Alle zwölf Minuten fährt ein Bus zur Stadtmitte. Während ich warte, kann ich per Handy mit einer weit entfernten Freundin plaudern. Wenn mir was weh tut, kann ich zum Arzt gehen. Jederzeit kann ich Musik hören, die mir gefällt. Kann ein Buch kaufen, das mich interessiert. Ich kann weit entfernte Freunde besuchen und in ferne Länder reisen. Abends habe ich ein Dach über dem Kopf und ein warmes Bett. Nichts davon ist selbstverständlich. Für manche Menschen auf der Welt niemals.
Bin ich dankbar?

Gott im Himmel

ich möchte dir einmal Danke sagen
für die Menschen in meinem Leben.
Da gibt es Freundinnen, die mich verstehen.
Es gibt Menschen,
die mir einfach mal zuhören.
Manchmal, wenn ich es gerade brauche,
kommt jemand daher und hilft mir.
Wenn ich einsam bin, findet sich jemand,
der mich ein Stück begleitet.
Wenn ich traurig war,
hat mich jemand getröstet.
Du weißt, was ich brauche.
Manchmal schickst du jemanden vorbei,
der mir einfach guttut.
Hinter den Menschen,
die mir begegnen und nah sind,
kann ich deine Nähe spüren.

Danke!

Danke…

Habe ich dir schon mal gesagt,
wie gut es mir tut, dass du manchmal
für mich da bist?
Ob du mir zuhörst
oder mit deinem Lachen
meine Sorgen vertreibst,
ob du mir hilfst
oder mich an deinem Leben
teilhaben lässt,
oder ob wir einfach etwas
zusammen unternehmen:
Es ist schön mit dir.
Ich wollte dir einfach mal
Danke sagen!

Vergiss nicht das Gute ...

Über all unseren Wünschen
vergessen wir leicht das Gute,
das wir schon bekommen haben:
viele sonnige Tage,
die Chance, zu lernen,
Köstlichkeiten im Glas
und auf der Zunge,
schöne Urlaubserinnerungen,
Menschen, die uns verstehen
und lieben,
wertvolle Jahre in Zeiten des Friedens
und Wohlstands –
alles ist ein Geschenk.

Gott, danke für das Gute
in meinem Leben!

Dankbarkeit

Als Kind habe ich manchmal das Fernrohr meines Cousins herumgedreht und durch die falsche Seite geschaut. Anstatt zu vergrößern und Entferntes nah heranzuholen, zeigte es dann die Welt verkleinert – aber in einer ungeahnten Weise.

Solch ein Blickwechsel kann Dankbarkeit in unserem Leben bewirken. Wie leicht neigen wir dazu, unsere Probleme und Wünsche durch ein Vergrößerungsglas zu betrachten. Als ob wir ohne dies oder das nicht leben könnten! Als ob dieses oder das Problem unlösbar wäre.

Mit dem Blickwechsel der Dankbarkeit sieht alles anders aus. Da können wir entdecken, welch ein Reichtum, eine Fülle an Gutem in unserem Leben vorhanden ist: Lebensumstände, die unser Wohlergehen ermöglichen; Menschen, die uns begleiten; Dinge, die uns gehören; Kulturgüter, die uns umgeben; Fähigkeiten, die wir erworben oder mitbekommen haben: Was für ein Reichtum!

Bibliografische Information der Deutschen Nationalbibliothek

Die Deutsche Nationalbibliothek verzeichnet diese Publikation in der Deutschen Nationalbibliografie; detaillierte bibliografische Daten sind im Internet über http://dnb.d-nb.de abrufbar.

Das Gesamtprogramm
von Butzon & Bercker
finden Sie im Internet
unter www.bube.de

ISBN 978-3-7666-0961-8
2. Auflage 2008

© 2008 Verlag Butzon & Bercker, 47623 Kevelaer, Deutschland
Alle Rechte vorbehalten.
Umschlaggestaltung und Satz: Elisabeth von der Heiden, Geldern